101 Questions À SE POSER

SOFIA BRIFFAUT

« Celui qui vit sans se poser de questions ne vit pas vraiment. »

- Platon

Sommaire

?

Préambule

Ce livre peut être résumé par cette citation :

« Un sage ne donne pas les bonnes réponses, mais pose les bonnes questions. »

Tout au long du livre, 101 questions te seront posées. Des questions qui insuffleront un nouvel élan à ta vie. Des questions qui révéleront des faits passionnants sur toi-même. Des questions auxquelles tu devras répondre honnêtement, même si cela peut faire mal. Le livre couvre les chapitres suivants :

- Chapitre 1 : *Questions sur ton passé*
- Chapitre 2 : *Questions sur tes relations interpersonnelles*
- Chapitre 3 : *Questions sur ta situation actuelle*
- Chapitre 4 : *Questions sur l'amour-propre*
- Chapitre 5 : *Questions sur la reconnaissance*
- Chapitre 6 : *Questions sur la pleine conscience*
- Chapitre 7 : *Questions sur ton avenir*

Dans chacun des chapitres, tu trouveras des exercices passionnants de découverte de soi ainsi que de merveilleuses pensées et citations qui font réfléchir et qui parlent au cœur.

Le livre a également un autre objectif :

Il te rappellera ta grande valeur. Il te fera comprendre que tu mérites l'amour le plus sincère et le plus grand bonheur. Il doit te montrer que tu es unique, digne d'être aimé(e) et important(e) pour ce monde, exactement comme tu es. Ne l'oublie jamais, même dans les épreuves de ta vie.

Avec ce livre, tu commences le plus important voyage de ta vie :
Le voyage vers toi-même. Tu vas redécouvrir l'être qui est en toi et apprendre à connaître des aspects de toi qui sont restés cachés depuis longtemps. Tu prendras conscience de tes désirs et de tes rêves. Tu pourras mieux te comprendre et mieux comprendre ta vie.

C'est au fond de toi que tu trouveras les réponses aux questions les plus importantes de ta vie. Car en fin de compte, tu es le(la) seul(e) à pouvoir ouvrir ton propre cœur. Tout ce dont tu as besoin pour être vraiment heureux(se), tu l'as déjà en toi.

Remarque : Tu profiteras au maximum de ce livre si tu oublies un instant le stress de la vie quotidienne. Installe-toi donc dans un endroit calme, où personne ne pourra te déranger et où tu pourras te concentrer entièrement sur toi-même.

Arrête-toi un instant et écoute ce que ton cœur a à te dire. Ce livre t'y aidera.

Avant de commencer vraiment, nous commençons par la première question :

?... *Répondras-tu honnêtement aux questions de ce livre, au risque d'être mal à l'aise ou même de souffrir ?*

Chapitre 1

?

Questions sur ton passé

Nous commençons par un voyage dans ton passé. Mais pourquoi devrais-tu regarder ton passé de plus près ? Tout simplement parce que ton passé est, d'une certaine manière, toujours pertinent pour toi aujourd'hui. Il fait partie de toi.
Le passé t'a marqué(e), il t'a façonné(e) et a fait de toi, au fil des années et des décennies, la personne que tu es aujourd'hui. Ce n'est qu'en comprenant le passé que l'on peut comprendre le présent et planifier l'avenir.

La vie est faite de hauts et de bas, comme les montagnes russes. Parfois, on est au sommet et on ressent le plus grand bonheur. Parfois, on est dans les abysses et on ressent la plus grande tristesse.
Grâce à cet exercice, tu trouveras les moments forts et les moments difficiles de ta vie jusqu'à présent.

?... *Quels ont été les trois moments forts de ta vie ?*

Voici quelques phrases qui peuvent t'aider à trouver les moments forts de ta vie :

- La plus belle chose que j'ai jamais vue ...
- Le plus beau jour de ma vie a été ...
- Avec cette personne, je me sens heureux(se) ...
- Mon plus beau souvenir d'enfance est ...

- Mon plus beau voyage a été ...
- Ces mots m'ont particulièrement touché...
- Je suis particulièrement fier(e) de ...
- Je n'oublierai jamais le moment où ...
- Je suis heureux d'avoir rencontré cette personne ...

1.

2.

3.

Réponds maintenant aux questions suivantes pour chaque moment fort :

?... *Combien de fois te souviens-tu du moment fort ? Tous les jours, toutes les semaines, tous les mois, tous les ans ?*

Es-tu assez souvent reconnaissant pour ce moment fort ?

Qu'as-tu appris de ce moment fort ?

Ce moment fort a-t-il encore un impact sur ta vie aujourd'hui ? Si oui, comment ?

Si une autre personne joue un rôle dans le moment fort :

?... *As-tu gardé contact avec cette personne ?*

Est-ce que tu passes assez de temps avec cette personne ?

Y a-t-il quelque chose que tu devrais dire à cette personne ?

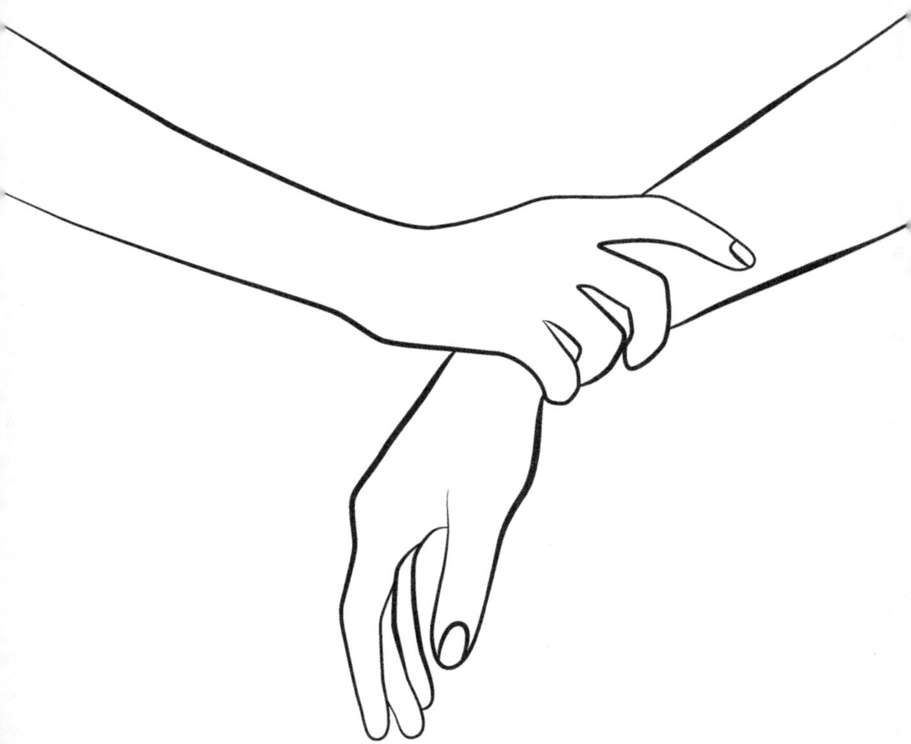

Même si c'est douloureux, réponds maintenant à la question suivante :

?... *Quels ont été les trois moments les plus difficiles de ta vie ?*

Voici quelques phrases qui peuvent t'aider à identifier tes moments difficiles :

- J'ai pleuré quand ...
- Mon pire jour a été ...
- Cette personne me manque beaucoup ...
- J'ai honte de ...
- Ma plus grande erreur a été ...
- Je me suis senti(e) particulièrement mal à quand ...
- Ces mots m'ont fait beaucoup de mal ...
- J'ai été traité(e) injustement quand ...

1. ______________________________

2. ______________________________

3. ______________________________

Réponds maintenant aux questions suivantes concernant chacun de tes moments difficiles :

?… *À quelle fréquence te rappelles-tu avoir touché le fond ? Tous les jours, toutes les semaines, tous les mois, tous les ans ?*

Qu'as-tu appris ?

Ce moment difficile a-t-il encore des répercussions sur ta vie aujourd'hui ? Si oui, comment ?

Est-ce que tu réagirais différemment aujourd'hui si tu traversais à nouveau ce moment difficile ?

Si une autre personne joue un rôle dans ce moment difficile :

?… *As-tu gardé contact avec cette personne ?*

Y a-t-il quelque chose que tu devrais dire à cette personne ?

Peu importe à quel point nous le souhaitons : On ne peut pas changer ce qui a été. Il est donc important de regarder vers l'avant. Ne fais pas de reproches à celui que tu étais. Tu ne savais pas à l'époque tout ce que tu sais aujourd'hui. Prends le temps de te pardonner et de faire la paix avec ton passé. Sois patient(e) avec toi-même. Certaines choses prennent du temps.

« Notre vie est la somme des heures consacrées à l'amour. »
- Wilhelm Busch

Parfois, tout va de travers. Il y a des mauvais jours où nous avons l'impression que rien ne marche, quels que soient les efforts que nous déployons.
C'est justement à ce moment-là qu'il est important de comprendre que :
C'est normal que tout ne se passe pas bien. C'est normal d'avoir des problèmes. Cela fait partie de la vie humaine. Tout comme les bons moments. Pourrions-nous encore apprécier le bien ou même le reconnaître si le mal n'existait pas ? Pourrions-nous voir les étoiles sans les ténèbres ?

Avant de commencer à refouler les mauvaises émotions comme la peur, la tristesse ou la colère et de souhaiter qu'elles disparaissent, rappelle-toi que toutes les émotions doivent être ressenties. Arrête de les refouler et commence à les réapprécier. Lorsque l'on refoule des émotions négatives, il arrive souvent que ces émotions reviennent un jour plus fortes qu'avant. Il est donc préférable de réapprécier ses émotions pour ressentir les émotions négatives différemment.

Par exemple, si tu as commis une erreur et que tu es déçu(e), considère que c'était une expérience d'apprentissage enrichissante. Cela encourage une mentalité de croissance qui, selon les études, favorise des relations plus saines avec les émotions. Chaque erreur offre la possibilité d'apprendre une leçon valable.

« Lorsqu'une porte se ferme, il y en a une qui s'ouvre. Malheureusement, nous perdons tellement de temps à contempler la porte fermée, que nous ne voyons pas celle qui vient de s'ouvrir. » - Alexander Graham Bell

?... *Y a-t-il eu de mauvaises choses dans ta vie qui, rétrospectivement, ont plutôt été positives ?*

« J'ai appris beaucoup de choses sur la vie, mais la leçon la plus précieuse a été de constater que la vie continue. »

- Brigitte Bardot

Tu viens de faire le point sur ta vie. Tu as repensé à tes plus beaux souvenirs, mais aussi à tes pires expériences. Avant de terminer ce voyage dans ton passé, réponds aux questions suivantes :

?... *Quelle est ta plus grande réussite ?*

Quel est ton plus grand échec ?

Que donnerais-tu comme conseil à la jeune version de toi ?

Qu'aurais-tu aimé savoir dix ans plus tôt ?

Quelle est la leçon la plus importante que tu as tirée de ta vie ?

Quel a été un tournant dans ta vie, qui a marqué le début d'un nouveau chapitre de ta vie ?

C'est la fin de ce voyage dans ton passé. J'espère que tu as profité de nombreux moments agréables. Malheureusement, il est fort probable qu'il y ait aussi eu des moments douloureux. Mais cela fait aussi partie de la vie. Sans le mal, il n'y aurait pas de bien. Et que serait une vie sans hauts et bas ?

Questions sur ton passé

Chapitre 2

?

Questions sur tes relations interpersonnelles

Ce chapitre traite de tes relations avec les autres.
Il s'agit de ta famille, de tes amis et de tout ce qui les entoure.

Les gens vont et viennent. Certains nous accompagnent toute notre vie, d'autres ne partagent qu'une courte période avec nous. Certaines personnes nous donnent des ailes et nous enrichissent, d'autres nous rendent tristes ou nous énervent.

Les premières personnes avec lesquelles nous entrons en contact sont généralement nos parents.
Nous ne les avons pas choisis, mais ils font partie des personnes les plus importantes de notre vie pendant l'enfance (et souvent pour le reste de notre vie).

?... *Quels sont les trois mots qui te viennent à l'esprit à propos de ta mère ?*

Quels sont les trois mots qui te viennent à l'esprit à propos de ton père ?

Quels sont les trois mots qui te viennent à l'esprit pour décrire ton enfance ?

Nous avons des prédispositions génétiques communes avec nos parents. C'est pourquoi nous ressemblons souvent à nos parents à bien des égards. Nous avons généralement une apparence similaire et partageons souvent des intérêts, des talents et même des traits de caractère. Mais nous sommes aussi totalement différents de nos parents sur de nombreux aspects.

?... *Quels sont les points de ressemblance avec ta mère ? En quoi es-tu différent de ta mère ?*

Quels sont les points de ressemblance avec ton père ? En quoi es-tu différent de ton père

?

?... *Quelle était la qualité de la relation avec tes parents pendant ton enfance et tes études ?*

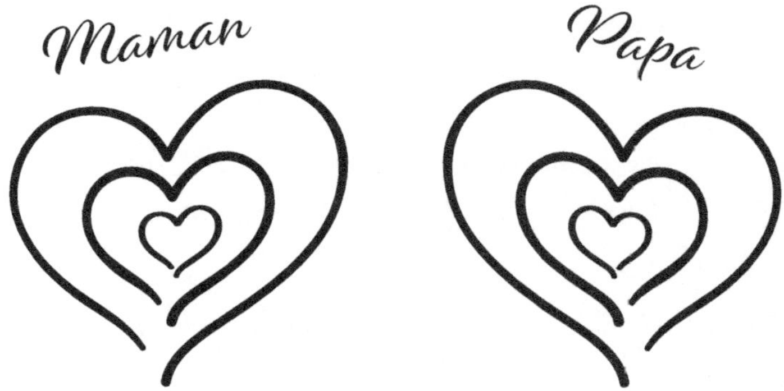

Plus tu colories de couches, plus ta relation avec maman/papa était bonne.

?... *Quelle est la qualité de ta relation avec tes parents aujourd'hui ?*

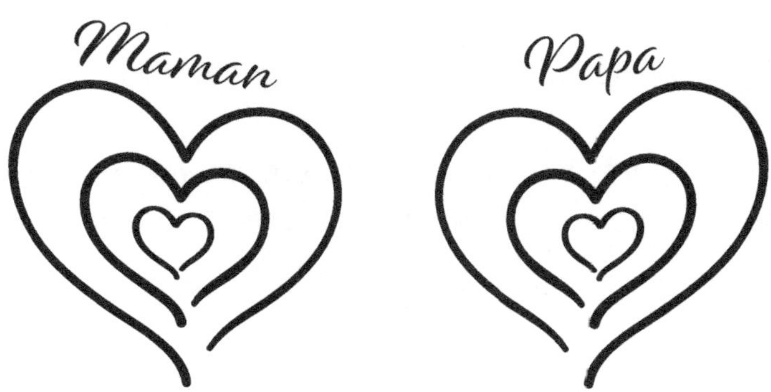

Plus tu colories de couches, plus ta relation avec maman/papa est bonne aujourd'hui.

Aucun d'entre nous ne serait ici aujourd'hui sans nos parents. Ils ont pris soin de nous alors que nous ne pouvions pas encore nous débrouiller seul(e)s. Ils nous ont soutenus, tant moralement que financièrement. Parmi nos premiers mots, il y avait « maman » et « papa ». Il n'existe pas d'êtres humains parfaits et les parents font donc aussi des erreurs. Néanmoins, les parents nous donnent ce qu'il y a de plus important et de plus beau au monde : L'amour inconditionnel.

« Nous ne prenons jamais conscience de l'amour d'un parent jusqu'à ce que nous devenions nous-mêmes parents. » - Henry Ward Beecher

Réponds maintenant aux questions suivantes concernant ta mère et ton père :

?... *Pourquoi es-tu reconnaissant envers maman ?*

Pourquoi veux-tu t'excuser auprès de maman ?

Quelle a été ta plus belle expérience avec maman ?

Qu'est-ce que maman aurait dû faire différemment quant à ton éducation ?

Que dirais-tu à maman si c'était la dernière fois que tu la voyais ?

Si ta mère est déjà décédée, que lui dirais-tu si tu la revoyais ?

« Les enfants devraient recevoir deux choses de leurs parents : des racines et des ailes. »
- Johann Wolfgang von Goethe

?... *Pourquoi es-tu reconnaissant envers papa ?*

Pourquoi veux-tu t'excuser auprès de papa ?

Quelle a été ta plus belle expérience avec papa ?

Qu'est-ce que papa aurait dû faire différemment quant à ton éducation ?

Que dirais-tu à papa si c'était la dernière fois que tu le voyais ?

Si ton père est déjà décédé, que lui dirais-tu si tu le revoyais ?

« Il est beaucoup plus facile de devenir un père que d'en être un. » - Kent Nerburn

Pour de nombreuses personnes, la famille est la chose la plus importante dans la vie. Elle passe avant tout, quoi qu'il arrive. C'est un lien qui unit par le sang et qui dure toute la vie.

?... *Quelle est la leçon la plus importante que tu as apprise de tes parents ?*

Qu'est-ce que tu fais différemment de tes parents ?

Tu veux avoir des enfants un jour ? Pourquoi (pas) ? Si tu as déjà des enfants : Choisirais-tu à nouveau de le faire ?

« Les enfants commencent par aimer leurs parents ; devenus grands, ils les jugent ; quelquefois, ils leur pardonnent. »
- Oscar Wilde

« Un enfant peut toujours enseigner trois choses à un adulte : être content sans raison, s'occuper toujours à quelque-chose et savoir exiger de toutes ses forces ce qu'il désire. »
- Paulo Coelho

Pardonner

Une partie importante de la vie est aussi la capacité à pardonner. D'une part, il s'agit de pardonner aux autres. Mais il est encore plus important de se pardonner à soi-même.

> « Le pardon est la forme finale de l'amour. »
>
> *- Reinhold Niebuhr*

Pardonne-toi

Personne n'est jamais irréprochable dans la vie. Nous regrettons des choses et pensons à ce que nous aurions dû faire différemment. Peut-être avons-nous blessé physiquement ou moralement une autre personne. Peut-être avons-nous dit quelque chose que nous aurions préféré effacer. Peut-être avons-nous suivi une mauvaise voie dans notre vie professionnelle ou privée.

?... *Quelles ont été les plus grandes erreurs que tu as commises dans ta vie ?*

Peu importe tes erreurs, accepte-les car elles font partie de toi. Retiens que rien ni personne n'est parfait. Tu as certainement fait ce que tu pensais être juste à ce moment-là.
Nous faisons tous des erreurs. Nous avons tous des défauts et des qualités qui nous rendent uniques et spéciaux(les).

?... *Est-ce que tu te pardonnes ?*

« Le faible ne peut jamais pardonner.
Le pardon c'est l'apanage du fort. » - Gandhi

Pardonne aux autres

Tu as certainement déjà été maltraité(e) par d'autres personnes. Malheureusement, cela fait aussi partie de la vie. Ce sont peut-être des camarades de classe ou des collègues de travail qui t'ont fait du mal. Peut-être que ce sont des amis ou des partenaires qui t'ont trahi. Peut-être même des membres de ta famille pour qui tu avais de l'affection. Ici, tu as la possibilité de leur pardonner.

?... *Qui sont les personnes qui t'ont fait souffrir psychologiquement ou qui t'ont maltraité(e) ?*

Qui t'a fait le plus de mal dans ta vie ?

Les blessures ont guéri ou pas ?

Veux-tu pardonner à ces personnes ?

Bien sûr, c'est à toi de décider si tu veux ou si tu peux leur pardonner. En général, il est toutefois conseillé de pardonner aux autres leurs erreurs. Pas nécessairement pour eux, mais pour toi. Les conflits non résolus du passé, les reproches et le désir de vengeance sont sources de stress, d'amertume et de frustration.

Nous perdons notre propre équilibre et notre joie de vivre si nous ne pardonnons pas. Le pardon est un cadeau que tu peux te faire à toi-même. Pardonner, c'est se libérer des chaînes du passé. Dès que tu pardonneras, tu constateras que tu as les mains libres pour quelque chose de nouveau. Tu te sentiras ainsi plus léger. Même si tu as vécu de mauvaises expériences dans ta vie, elles font partie de ta vie. Elles t'ont permis de grandir et de devenir la personne que tu es aujourd'hui.

Les amitiés embellissent la vie.
Les amis vont et viennent dans ta vie. Peu importe la durée de tes amitiés, le plus important est que tes amis t'acceptent tel que tu es. Un(e) bon(ne) ami(e) respecte sa parole et montre qu'elle ou il se soucie de toi – pour les grandes tout comme les petites choses.

Passe du temps avec des personnes avec lesquelles tu peux être toi-même. Comment est ton environnement ? Est-ce que tu t'entoures de personnes qui te font rayonner ? Tu n'es pas obligé de fréquenter des personnes qui te tirent vers le bas et t'épuisent. Tu as le libre choix d'accorder ton temps et ton attention à qui tu veux. Après tout, c'est TA vie.

?... *Que signifie l'amitié pour toi ?*

Qui sont tes meilleurs amis ?

Qu'apprécies-tu chez tes amis ?

Comment tes amis te décrivent-ils ?

Peux-tu être ami avec des personnes qui ne pensent pas du tout comme toi ?

Entoure-toi de personnes qui te soutiennent, qui croient en toi. Essaie de limiter le temps passé avec les personnes qui te dépriment, te tirent vers le bas ou te dénigrent.

?... *Avec quelles personnes devrais-tu passer plus de temps ?*

Avec quelles personnes devrais-tu passer moins de temps ?

Une relation avec une personne ne se construit pas en jours, semaines ou mois, mais en moments.

?... *Quels ont été tes meilleurs moments avec tes proches ?*

« Au fond, ce sont les liens tissés avec les gens qui donnent sa valeur à la vie. »

- Wilhelm von Humboldt

L'amour

L'amour n'a pas besoin d'être parfait - mais authentique. Le plus beau cadeau est quelqu'un, qui te prend dans ses bras et te dit : « Quoi qu'il arrive, je serai toujours à tes côtés ! »

« L'amour n'est pas ce que l'on s'attend à recevoir, mais ce que l'on est prêt à donner. »
- Katharine Hepburn

Es-tu satisfait(e) de ta vie amoureuse ?

Qu'est-ce que tu aimerais changer dans ta vie amoureuse ?

Chapitre 3

?

Questions sur ta situation actuelle

Dans ce chapitre, une série de questions te sont posées sur toi-même et sur tes habitudes. Les questions suivantes te permettront d'y voir plus clair dans ta vie ici et maintenant. Tu auras une vue d'ensemble et tu pourras voir où il te manque peut-être des choses.

Essaie de répondre à chaque question le plus précisément et le plus honnêtement possible, même si la question touche peut-être un point sensible et que cela fait mal.

	Pas du tout d'accord	Tout à fait d'accord
Est-ce que tu te trouves beau ?		
As-tu assez d'ami(e)s de qualité ?		
Est-ce que tu dors bien ?		
Es-tu en bonne santé ?		
Est-ce que tu ris beaucoup ?		
Pleures-tu souvent ?		
Es-tu satisfait de ta vie amoureuse ?		

Es-tu satisfait(e) de tes revenus ?

Peut-on compter sur toi ?

Ta vie est-elle pleine de diversité et d'aventure ?

Prends-tu suffisamment de temps pour toi ?

Es-tu souvent stressé(e) ?

Es-tu satisfait(e) de ton travail/de ta formation ?

As-tu une alimentation variée et équilibrée ?

Es-tu heureux(se) et satisfait(e) de toi-même et de ta vie ?

Pour finir, deux dernières questions :

Quelle note donnerais-tu à ta vie au cours des trois derniers mois ?

1 2 3 4 5 6

Quelle note donnerais-tu à ta vie au cours des trois dernières années ?

1 2 3 4 5 6

« On a deux vies.
La deuxième commence,
quand on réalise qu'on n'en a qu'une. »
- Tom Hiddleston

Examine les différents domaines de ta vie. Plus tu es satisfait d'un domaine particulier, plus tu peux colorier de cases.

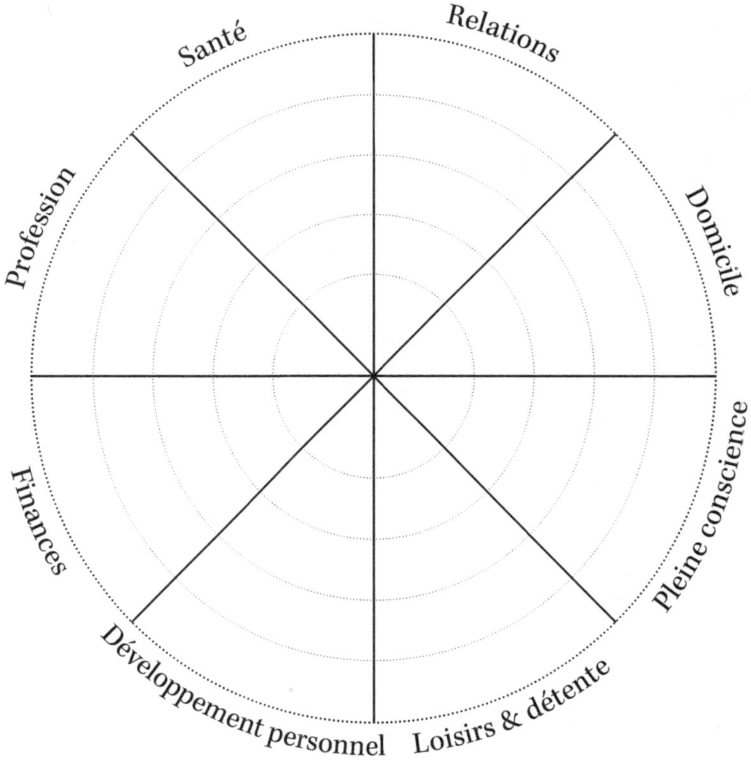

?... *Dans quel domaine penses-tu avoir le plus de problèmes ?*

Quels sont les domaines de vie qui auraient besoin de plus de couleurs ?

Dans l'exercice suivant, il s'agit de déterminer ce qui est vraiment important pour toi. Lis attentivement la liste suivante et réponds ensuite aux questions.

Gloire	Justice	Calme
Pouvoir	Humilité	Vérité
Prestige	Gratitude	Connaissance
Amour	Liberté	Spontanéité
Famille	Discipline	Plaisir
Amis	Religion	Variété
Gagner	Foi	Sécurité
Reconnaissance	Dominance	Harmonie
Santé	Paix	Richesse
Persévérance	Argent	Bonheur
Empathie	Honnêteté	Perfection
Nature	Loyauté	Tendresse
Animaux	Performance	Ponctualité
Enfants	Aventure	Voyage
Ordre	Singularité	Spiritualité

?... *Quels sont les trois mots les plus importants pour toi dans cette liste ?*

As-tu axé ta vie sur ces paroles ?
Ou est-ce que ce sont plutôt des valeurs et des idées complètement différentes qui ont déterminé ta vie jusqu'à présent ?

Souvent, nous ne nous rendons même pas compte que notre vie est déterminée par d'autres mots qui ne comptent pas pour nous. Ainsi, beaucoup courent après la richesse et la célébrité tandis que la famille et la tranquillité ont plus de valeur aux yeux des autres. Un autre problème peut être que nous façonnons notre vie non pas en fonction de nos propres valeurs, mais en fonction des opinions d'autres personnes, par exemple l'opinion des parents, des amis, des connaissances ou de la société.

?... *Quel mot a le plus influencé ta vie jusqu'à présent ? De quelle manière ?*

« Par les mots, nous apprenons les pensées, et par les pensées, nous apprenons la vie. »

- Jean Baptiste Girard

« Change tes paroles et tu changeras tes pensées. »

- Karl Albrecht

Paroles

Les mots font partie des outils les plus puissants dont disposent les êtres humains. Ils peuvent inspirer, guérir et rassembler les gens, mais ils peuvent aussi blesser, diviser et faire du mal. C'est pourquoi il est si important d'examiner de près les mots que nous utilisons et de voir comment ils influencent notre vie quotidienne.

Les mots ont le pouvoir de façonner notre perception et notre confiance en nous-mêmes tout comme le monde qui nous entoure. Si nous utilisons des paroles positives et encourageantes, elles peuvent contribuer à renforcer notre confiance et notre estime de soi, alors que les paroles négatives peuvent avoir l'effet inverse. Par exemple, si nous nous disons constamment que nous ne sommes pas assez bons ou que nous ne réussirons jamais, nous commençons à le croire. Cependant, lorsque nous nous concentrons sur nos forces et nos capacités, nous avons tendance à nous sentir plus sûr(e)s de nous et plus compétent(e)s.

Les mots peuvent également avoir une influence considérable sur nos relations avec les autres. Lorsque nous utilisons des mots qui expriment la gentillesse, l'empathie et la compréhension, nous pouvons construire des relations fortes et riches avec les autres. En revanche, si nous utilisons des mots pour critiquer, juger ou attaquer, nous pouvons créer de la division et faire du mal. C'est pourquoi il est si important de choisir nos mots avec précaution et de parler avec respect et considération envers les autres.

Les mots peuvent également façonner nos pensées et notre comportement puis influencer la manière dont nous abordons les défis et les opportunités.
Par exemple, si nous utilisons des mots tels que « Je ne peux pas » ou « C'est impossible », nous sommes plus susceptibles d'abandonner lorsque nous rencontrons des obstacles. En revanche, si nous utilisons des mots tels que « Je vais essayer » ou « Je vais y arriver », nous sommes plus susceptibles de persévérer et de trouver des solutions.

?... *Fais-tu attention à tes paroles et à l'influence qu'elles peuvent avoir sur toi et sur les autres ?*

« Les mots sont les armes les plus puissantes de l'univers. Les mots sont comme des récipients : ils contiennent la foi ou la peur, et ils ont tendance à réaliser des prophéties selon leur nature. »
- Charles Capps

En résumé, il est incroyablement important de faire attention à la manière dont nous parlons à nous-mêmes et aux autres.
Si nous choisissons nos mots judicieusement et si nous communiquons avec respect et de manière positive et encourageante, nous pouvons avoir un impact durable sur notre propre vie et sur celle des personnes qui nous entourent.

Questions sur ta situation actuelle

Chapitre 4

?

Questions sur l'amour-propre

Dans ce chapitre, tu trouveras des mots puissants qui te rappelleront ta merveilleuse singularité.
Aie le courage d'être toi-même. Personne n'est comme toi et c'est ta force. On n'entend jamais assez de mots d'amour. Pour cette raison, consulte régulièrement ce livre et lis-le. Laisse les messages positifs entrer dans ton cœur et sens-toi aimé(e).
Tu le mérites.

« Pour vivre en paix avec soi-même, il faut s'accepter tel qu'on est. » - Selma Lagerlöf

La relation amoureuse la plus importante de ta vie est celle que tu entretiens avec toi-même. L'amour-propre n'a rien à voir avec l'égoïsme – au contraire : tu ne peux être fort pour les autres que si tu prends également bien soin de toi. En t'entraînant à t'aimer toi-même, tu acquiers une force intérieure et un équilibre émotionnel dans ta vie.

?... *Est-ce que tu t'aimes ?*

Si tu as répondu non à cette question, laisse-moi te dire ceci :
Tu es digne d'être aimé(e). Chaque être humain doit être aimé(e) et mérite d'être traité(e) avec gentillesse et respect. Tu as une valeur intrinsèque en tant qu'être humain et tu mérites d'être aimé(e) et accepté(e) tel que tu es. Il est important de se rappeler que tu n'es pas défini(e) par tes défauts ou tes imperfections et que tu as la capacité de grandir et de changer.
Tu mérites d'être heureux(se). Ne laisse jamais personne te dire le contraire.

Tu représentes plus que ton travail, ta fortune et ton apparence. Tu représentes plus que ce que l'on peut appréhender et voir. Ce qui te définit, c'est ta merveilleuse identité et elle mérite d'être aimée inconditionnellement. Tu n'as pas besoin de mériter l'amour. Tu es merveilleux(se) tel que tu es.

« La beauté commence quand tu décides d'être toi-même. »
- Coco Chanel

L'amour-propre peut s'apprendre. Contrairement aux sentiments inconscients et spontanés tels que la colère, le dégoût ou la peur, l'amour-propre est fondamental tout au long de la vie. Il s'agit d'un état d'esprit et d'une attitude sur laquelle nous pouvons exercer une influence et que nous pouvons acquérir par la pratique.

Donnez-vous de l'amour. Aux personnes que nous aimons, nous offrons des fleurs, faisons des compliments ou organisons des événements spéciaux. Mais qu'en est-il de l'amour que nous nous portons à nous-mêmes ? S'aimer soi-même, c'est se traiter soi-même avec le respect et l'estime que nous accordons tout naturellement à ceux que nous aimons.

?... ***Qu'est-ce que tu peux t'offrir ? Ne pense pas seulement à des choses matérielles. Te dis-tu parfois : « Tu as bien fait ? » Ou es-tu trop critique envers toi-même ?***

« Nous ne pouvons pas nous connaître nous-mêmes si nous ne nous aimons pas. Seul l'amour nous permet de pénétrer plus profondément en nous-mêmes et de reconnaître qui nous sommes en vérité. S'aimer soi-même est différent de tourner autour de soi. » - Anselm Grün

S'aimer soi-même, c'est se donner ce dont on a besoin. De quoi as-tu besoin aujourd'hui ? Est-ce du repos, du sport, un repas sain, une rencontre avec des amis ? Sois attentif et à l'écoute de ton corps. Nous avons tous déjà entendu le dicton : d'abord le travail, ensuite le plaisir. Mais cette façon de penser peut aussi nous mettre trop de pression. De toute façon, nous donnons constamment le meilleur de nous-mêmes. C'est pourquoi le plaisir devrait faire partie intégrante de notre quotidien.

?... *Avec quoi peux-tu te faire plaisir aujourd'hui ?*

Les personnes qui sont en paix avec elles-mêmes et qui s'aiment sont entourées d'une aura positive. L'apparence, les vêtements que l'on porte et les autres éléments extérieurs passent au second plan. Chaque personne est belle lorsqu'elle est en harmonie avec son intérieur. Il n'est pas utile de s'entourer toute la journée de critères de beauté inaccessibles. Télévision, réseaux sociaux et magazines : ne consomme pas ce qui te rend malheureux et te fait douter de ton corps.

Ne te compare pas toujours aux autres. Il peut y avoir de la jalousie si tu penses que quelqu'un d'autre s'en sort beaucoup mieux que toi. Il peut aussi y avoir de l'arrogance si tu regardes de haut les autres personnes qui sont moins bien loties que toi. Ni l'un ni l'autre ne te rendront heureux, mais ils pollueront tes pensées et tes relations avec les autres. C'est pourquoi il est souvent recommandé de moins fréquenter les réseaux sociaux. De nombreuses photos téléchargées sur Facebook, Instagram et autres invitent à la jalousie. Ils ne montrent que les meilleurs aspects de la vie.

?... *As-tu l'impression de passer trop de temps sur les réseaux sociaux ?*

As-tu l'impression que les réseaux sociaux te rendent plus heureux ?

As-tu déjà renoncé consciemment aux réseaux sociaux comme Instagram, Facebook et autres ? Si oui, quand et comment t'es-tu senti pendant cette période ?

Recommandation : « Digital Sabbath »

Le Digital Sabbath est une pratique qui consiste à renoncer un jour par semaine aux technologies numériques telles que la télévision, le smartphone et autres. L'objectif est de réduire le temps passé devant les écrans afin de pouvoir le consacrer à la réflexion, à passer plus de temps avec la famille et les amis, à essayer autre chose ou tout simplement à se reposer. Dans une société qui tourne 24 heures sur 24, le Digital Sabbath est libérateur et constitue une merveilleuse possibilité de s'accorder une pause.

?... *Pourrais-tu te passer d'Internet pendant une semaine ?*

« La grandeur n'est pas d'être ceci ou cela, mais d'être soi-même. » - Søren Kierkegaard

« Sois toujours la première version de toi-même et non la deuxième version de quelqu'un d'autre. » - Judy Garland

La courbe du bonheur (Happiness Curve)

La « courbe du bonheur » est un phénomène bien connu en psychologie et en sociologie qui décrit le modèle général du niveau de bonheur tout au long de la vie d'une personne. La courbe a la forme d'un U, le niveau de bonheur étant élevé pendant l'enfance, diminuant au début de l'âge adulte, puis augmentant progressivement avec l'âge.

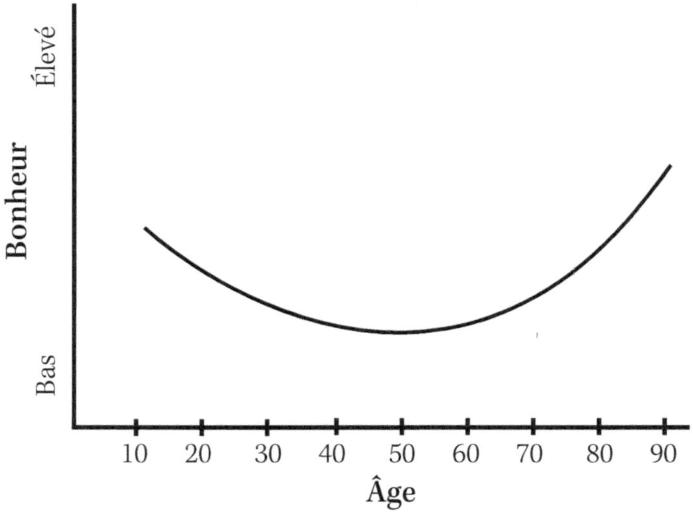

La forme de la courbe du bonheur peut être attribuée à divers facteurs, notamment les changements dans les conditions de vie, la santé physique et émotionnelle, les relations et la satisfaction générale dans la vie. Pendant l'enfance, les gens sont souvent très heureux et optimistes, car ils n'ont pas encore été confrontés aux défis et aux difficultés de la vie adulte. Au début de la vingtaine et de la trentaine, le stress et la pression liés au travail, aux relations et aux autres obligations peuvent augmenter. Cela peut entraîner une baisse du niveau de bonheur.

Mais le principal facteur qui contribue au mal-être à l'âge adulte est probablement le fait que l'on commence à se comparer à son entourage.
Les réseaux sociaux comme Instagram, TikTok, Facebook et autres plateformes similaires peuvent donc être néfastes pour notre bien-être. On est bombardé par les prises de vue instantanées et heureuses des autres et on commence à se comparer. La dépression et d'autres maladies psychologiques ont tellement augmenté depuis la généralisation des réseaux sociaux chez les adolescents et les jeunes adultes, ce n'est pas étonnant. La comparaison permanente peut nous rendre jaloux et malheureux. C'est précisément pour cette raison que le Digital Sabbath est un outil si puissant.

Le graphique montre que le bonheur augmente à nouveau à l'âge moyen et au-delà. Cela est souvent dû à un certain nombre de facteurs, tels qu'une plus grande stabilité financière, une vie plus tranquille à la maison ainsi qu'une plus grande sagesse et perspective acquises par l'expérience de la vie. Avec l'âge, il se peut également que les individus se concentrent davantage sur leurs relations et leur épanouissement personnel, ce qui entraîne une augmentation du niveau général de bonheur.

Que peut donc nous apprendre la courbe du bonheur ? Premièrement, elle montre l'importance de se concentrer sur l'épanouissement personnel et les relations à un âge avancé et l'impact positif que cela peut avoir sur notre niveau de bonheur général. Deuxièmement, elle nous rappelle également que le bonheur et la satisfaction dans la vie ne sont pas des constantes, mais qu'ils peuvent changer et fluctuer au cours de notre vie. Cela peut nous aider à gérer nos attentes et à garder une attitude positive, même dans les moments difficiles. Et pour finir, la courbe du bonheur peut nous apprendre à ne pas nous comparer constamment aux autres.

?... *Te compares-tu trop souvent aux autres ?*

« Si nous voulons vivre en paix, la paix doit venir de nous-mêmes. »

- Jean-Jacques Rousseau

Parle à toi-même avec amour. Ne laisse personne te dire que tu ne mérites pas d'être heureux(se). Surtout ne le fais pas toi-même. Prends soin de toi comme si tu étais ta meilleure amie ou ton meilleur ami. Si ton ami(e) a commis une erreur, tu fais preuve de compréhension et tu ne le(a) rabaisses pas pour autant. Si ton ami(e) a une mauvaise journée, tu le(a) réconfortes et tu ne lui demandes pas de se ressaisir. Si ton ami(e) n'est pas satisfait(e) de lui ou d'elle-même, tu essaies de lui faire prendre conscience de ses points forts. Renforce ton amour-propre en identifiant ce que tu aimes chez toi.

?... *Quelles qualités aimes-tu chez toi ?*

Au-dessus de la porte du monde antique, il était écrit : « Connais-toi toi-même. » Au-dessus de la porte de notre nouveau monde, il devrait être écrit : « Sois toi-même. »

- Oscar Wilde

Chapitre 5

?

Questions sur la reconnaissance

Sois reconnaissant pour les choses que tu as au lieu de t'attarder sur celles que tu n'as pas. Cela peut t'aider à apprécier les belles choses dans ta vie et à avoir une attitude plus positive. Même si certaines choses te manquent dans la vie, tu peux profiter de tout le reste. Ne perds jamais le plaisir et la joie de vivre. Nous canalisons trop souvent notre énergie sur ce que nous n'avons, ne pouvons ou ne savons pas.
Nous ne voyons que les lacunes, mais pas les aspects positifs, qui sont indubitablement présents.

?... *« Te sens-tu parfois malheureux ou insatisfait, alors qu'il y a beaucoup de choses pour lesquelles tu peux être reconnaissant(e) ? »*

« Tu seras reconnaissant pour les plus petites choses, et tu seras digne d'en recevoir de plus grandes. »
- Thomas von Kempen

Si tu te concentres sur les choses pour lesquelles tu es reconnaissant(e), cela peut contribuer à changer ta vision des choses. Chaque jour, prends un peu de temps pour réfléchir aux choses pour lesquelles tu es reconnaissant(e) et essaie de cultiver la gratitude.

?... *Pourquoi es-tu reconnaissant(e) ?*

Le verre est-il à moitié plein ou à moitié vide ? Sois conscient que c'est toi qui décides de ta vision des choses.
C'est toi qui décides si tu perçois davantage le négatif ou le positif. Lorsque l'on perçoit consciemment le bien, on ressent de la gratitude, ce qui rend heureux.

« La gratitude est la plus belle fleur qui jaillit de l'âme. »
- Henry Ward Beecher

Vivre le moment présent : la gratitude se résume souvent à vivre le moment présent et à apprécier les bonnes choses de la vie au fur et à mesure qu'elles se produisent.

Essaie d'être attentif(ve) et présent au quotidien et de faire attention aux petites choses qui t'apportent joie et bonheur. Sois reconnaissant(e) pour ce que tu as déjà. Sois reconnaissant(e) pour les personnes ou les animaux de compagnie qui sont là pour toi. Sois reconnaissant(e) pour chaque moment qui te fait plaisir et te donne le sourire. Il y a tant de belles choses autour de toi et surtout en toi.

« C'est là qu'il y a de la lumière dans notre vie, là où l'on apprend à rendre grâce pour les plus petites choses. »
- Friedrich von Bodelschwingh

Dis aux autres que tu leur es reconnaissant(e). Beaucoup pensent que les autres sont au courant spontanément qu'on leur est reconnaissant. C'est pourquoi les remerciements sont souvent ressentis, mais pas exprimés. Pourtant, on peut rendre quelqu'un tellement heureux en le remerciant. Combien de fois dis-tu aux autres que tu leur es reconnaissant(e) ?

?... *Sis-tu assez souvent aux autres que tu leur es reconnaissant(e) ?*

« De nombreux malentendus naissent du fait qu'un remerciement n'est pas exprimé, mais seulement ressenti. »
- Ernst R. Hauschka

On peut aussi être reconnaissant(e) envers ceux qui ont disparu. Nous sommes tristes que des membres de notre famille ou des amis nous aient quittés, mais aussi incroyablement reconnaissants pour ce qu'ils ont fait pour nous.

?... *T'arrive-t-il d'être reconnaissant(e) pour quelque chose que tu as perdu ?*

Quel décès t'a le plus touché(e) ?

L'une des meilleures façons de cultiver la gratitude est de le faire régulièrement. Prends chaque jour un peu de temps pour réfléchir aux choses pour lesquelles tu es reconnaissant(e) et note-les dans un journal ou partage tes pensées avec quelqu'un d'autre.
Cela peut contribuer à changer ta perspective et à te rendre plus conscient des bonnes choses dans ta vie.

« C'est celui qui a le plus qui est le plus satisfait avec le moins. » - Diogène

?... *Es-tu reconnaissant(e) pour ta vie ?*

« N'oubliez pas qu'il suffit de peu pour vivre heureux. »

- Marc Aurèle

Chapitre 6

?

Questions sur la pleine conscience

La pleine conscience consiste à vivre le moment présent et à prêter attention à tes pensées et à tes sentiments sans les juger. Cela peut être utile pour gérer le stress et l'anxiété. Essaie d'intégrer la pleine conscience dans ton emploi du temps quotidien, par exemple en méditant, en écrivant un journal ou simplement en prenant quelques instants pour te concentrer sur ta respiration et vivre le moment présent.

?... *A quel point as-tu du mal à vivre le moment présent et de ne pas penser à la veille ou au lendemain ?*

Est-ce que tu passes parfois trop de temps à t'inquiéter de l'avenir au lieu de profiter de l'instant présent ?

« Je crois qu'il faut vivre AUJOURD'HUI. Pas hier, pas demain. » – Lorette Young"

« Il y a deux jours dans une année où l’on ne peut rien faire. Ils s’appellent hier et demain. Pour le moment, aujourd’hui est le jour idéal pour aimer, croire, faire et principalement vivre. »

- Dalaï-Lama

La pleine conscience consiste à se focaliser consciemment sur soi-même ou sur une chose précise et à ne pas avoir plusieurs choses en tête en même temps.
Donne-toi la permission d'y aller une étape à la fois, plutôt que d'essayer d'en faire le plus possible d'un coup.

?... *Es-tu capable de te concentrer sur une seule chose ?*

Quand tu manges, est-ce que tu regardes la télévision, lis ou écoutes de la musique pendant que tu manges ? Ou est-ce que tu as toujours ton smartphone à côté de toi ?

Choisis de vivre en pleine conscience. Pour vivre en pleine conscience, tu n'as besoin de rien de spécial, tu n'as pas besoin de trois heures supplémentaires par jour et tu peux commencer tout de suite. La seule chose nécessaire est une décision volontaire d'être plus attentif à ton quotidien.

« Le temps ne passe pas plus vite qu'avant, mais nous le dépassons plus vite. » - George Orwell

« Il y a des choses plus importantes dans la vie que de constamment augmenter sa vitesse. » - Gandhi

Prends du temps pour toi. Les années passent à une vitesse folle, mais nous vivons souvent comme si nous avions tout le temps du monde.

?... *Es-tu conscient du temps dont tu disposes ? Et comment l'utilises-tu ?*

« Accorde-toi un moment de repos et tu comprendras à quel point tu t'es précipité bêtement. Apprends à te taire et tu réaliseras que tu as trop parlé. Sois bienveillant et tu comprendras que ton jugement envers les autres a été trop dur. »

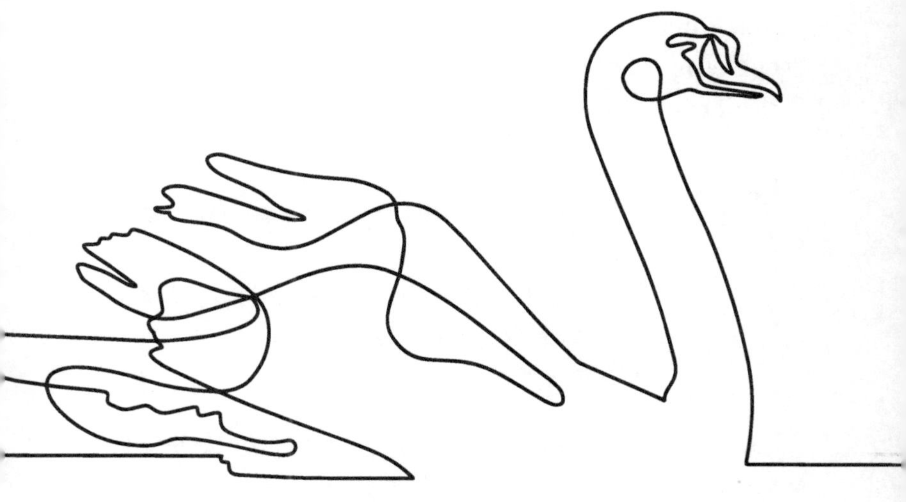

Identifie tes routines. Prendre une douche, se brosser les dents, savourer son café du matin et prendre son petit-déjeuner. Choisis une de tes habitudes quotidiennes et célèbre-la consciemment et progressivement. Nous pouvons tirer des leçons du passé. C'est dans l'avenir que se trouvent nos objectifs et nos souhaits. Mais c'est dans le présent que nous devons vivre.

« Commence chaque matin par une bonne pensée ! »
- Carl Hilty

« Donne à chaque jour la chance d'être le plus beau jour de ta vie. » - Mark Twain

Prends soin de toi : Fais en sorte de dormir suffisamment, d'avoir une alimentation saine et de pratiquer une activité physique régulière. Prends également le temps de pratiquer des activités qui t'aideront à te détendre et à évacuer le stress.

?... *Quel est le meilleur moyen de te détendre ?*

Quand est la dernière fois que tu as passé une journée entière à ne rien faire ?

« On ne devrait jamais être occupé au point de ne plus avoir le temps de penser. »- Georg Christoph Lichtenberg

« Une demi-heure de méditation est absolument nécessaire, sauf si vous êtes très occupé, auquel cas il vous faut une heure entière. »

- Franz von Sales

Méditation et pleine conscience

La méditation et la pleine conscience sont deux pratiques qui vont de pair. Bien qu'elles ne soient pas exactement la même chose, la méditation est un moyen efficace d'augmenter ta vigilance dans la vie quotidienne et d'améliorer ton bien-être général.

La méditation peut nous aider à devenir plus conscients de nous-mêmes. Lorsque nous méditons, nous apprenons à être attentifs à nos pensées et à nos sentiments, sans pour autant devenir prisonniers de ceux-ci.
Cela peut nous aider à nous libérer des schémas de pensée et de réactions habituels qui peuvent nous freiner dans la vie. On se concentre sur l'être et pleinement sur le présent. Le passé et le futur sont mis de côté pour un moment. La méditation est donc un entraînement pour l'âme et l'esprit, tout comme l'haltérophilie est un entraînement pour le corps.

Lorsque nous méditons, nous activons le système nerveux parasympathique, qui contribue à nous apaiser et à réduire le stress. Cela peut avoir un impact profond sur notre santé générale et notre bonheur.
Lorsque nous méditons, nous apprenons à être plus présents avec nos propres pensées et sentiments, ce qui peut nous aider à comprendre les expériences des autres.

Nous développons plus de compassion et les relations avec nos proches s'intensifient.

Enfin, la méditation est importante car elle peut nous aider à trouver un sens à la vie. Lorsque nous méditons, nous développons une conscience plus profonde et il en résulte une connexion plus profonde avec l'univers entier, ce qui peut nous aider à voir plus clairement notre place dans le monde. Cela peut nous aider à trouver un plus grand sens et un plus grand but à notre vie et contribue à vivre avec plus d'intention et de réflexion.

?... *La méditation fait-elle partie de ta vie ?*
As-tu déjà essayé la méditation ?
Comment t'es-tu senti(e) après ?

Chapitre 7

?

Questions sur ton avenir

Mon avenir

Ce dernier chapitre est consacré à ton avenir.

Prends le temps de réfléchir à tes désirs et à tes rêves. Réfléchis à ce qui est important pour toi dans la vie et comment tu peux le réaliser. Fais confiance à ton intuition. Ne laisse pas l'opinion des autres t'influencer dans tes projets d'avenir. Bien sûr, tu peux demander conseil à ta famille et à tes amis, mais en fin de compte, c'est ce que tu veux qui compte. Après tout, c'est ta vie.

« Fais ce que TE convient, car il y aura toujours quelqu'un qui pense différemment. »
- Michelle Obama

Reste fidèle à toi-même. Si tu suis tes valeurs et tes besoins et que tu agis selon tes propres convictions, tu seras satisfait du résultat.

?... *À quoi ressemblera ta vie dans dix ans ?*

À quoi ressemble ta journée parfaite ?

Que ferais-tu si l'argent ne comptait pas ?

Il n'est jamais trop tard – jamais trop tard pour recommencer à zéro et être heureux. Au fil du temps, nous changeons. Nos souhaits et nos besoins évoluent également. Il est donc important de se remettre en question de temps en temps :

?... *Est-ce que ma vie correspond à mes attentes ?*

Y a-t-il des choses que je voudrais changer ?

Réussir, c'est s'aimer soi-même. Aimer ce que l'on fait et comment on le fait. Pour chacun, le succès a un sens différent. Nous avons tous des visions différentes de la réussite.

?... *Quand es-tu fier de quelque chose ?*

Quand as-tu le sentiment d'avoir réussi ?

Profite du temps limité que tu as et ne gaspille pas le don de la vie. De superbes opportunités se présentent sans cesse dans notre vie :
Un voyage passionnant, des personnes intéressantes, un projet passionnant. Ce n'est pas dans ces moments-là qu'il faut hésiter sous prétexte de mauvaises raisons. Alors, décroches ce que tu veux. Ce que les autres pensent et disent de nous compte moins que notre bonheur.

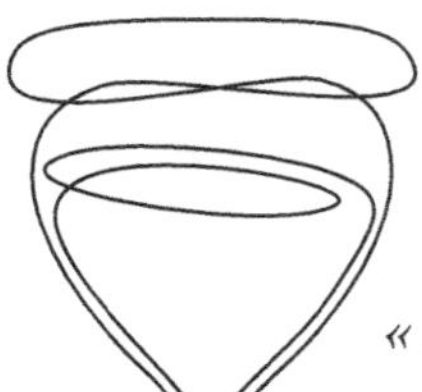

« Le temps infini et incommensurable est attribué à chacun d'entre nous, et soudain, il est englouti par l'éternité ! »
- Marc Aurèle

?... *Qu'est-ce que tu aimerais absolument posséder un jour ?*

Quels sont les endroits que tu souhaites absolument visiter un jour ?

Dans quels autres pays aimerais-tu voyager ?

Même si cela peut parfois sembler différent dans les moments difficiles, tu as une grande influence sur les personnes qui t'entourent.

Ta vie est importante. Pense à la fréquence à laquelle tu soutiens ta famille, tes amis, en les écoutant et en étant simplement là pour eux ?
Tes actions sont tout aussi importantes. C'est à toi de décider à qui et à quoi tu consacres ton temps et ton attention et comment tu dépenses ton argent. Chaque action, aussi petite soit-elle, a le potentiel de rendre le monde un peu meilleur.

?... *Quelle loi promulguerais-tu si tu étais au gouvernement ?*

Que souhaites-tu pour l'humanité ?

« *Sois le changement que tu souhaites voir dans le monde.* »

- *Gandhi*

Faire du monde un endroit meilleur se traduit différemment pour chacun, mais en général, cela signifie travailler pour des changements positifs qui ne profitent pas seulement à nous-mêmes, mais aussi aux autres.

Cela peut impliquer le bénévolat, les dons à des organisations caritatives, la défense de la justice sociale ou simplement un comportement amical et compatissant envers les autres.
Faire du monde un endroit meilleur peut être une tâche gratifiante et épanouissante, à laquelle chacun d'entre nous peut contribuer à sa manière.

Trouver la motivation peut parfois être difficile, mais il y a certaines choses que tu peux faire pour te motiver :

1. Fixe-toi des objectifs clairs : Avoir des objectifs clairs, spécifiques et réalisables peut être source de motivation et d'orientation. Prends un peu de temps pour réfléchir à ce que tu veux atteindre. Établis ensuite un plan pour atteindre tes objectifs.

2. Décompose tes objectifs en petites étapes : Les grands objectifs intimidants peuvent être écrasants et démotivants. Essaie plutôt de décomposer tes objectifs pour en faire des étapes plus petites et plus faciles à surmonter. Cela peut t'aider à progresser et à te sentir plus motivé.

3. Trouve quelque chose qui te passionne : Faire des choses qui te passionnent peut être une grande source de motivation. Trouve ce qui t'intéresse vraiment et qui donne un sens à ta vie.

4. Entoure-toi de personnes qui te soutiennent : Les personnes avec lesquelles tu passes du temps peuvent avoir une grande influence sur ta motivation. Entoure-toi de personnes qui te soutiennent, qui sont positives et qui t'encouragent.
   En équipe, on est souvent plus motivé que lorsqu'on travaille seul à l'atteinte d'un objectif.

?... *Quels sont tes objectifs ? As-tu un plan, au moins dans ta tête, pour t'aider à atteindre tes objectifs ?*

La motivation vient souvent d'elle-même lorsque nous commençons à AGIR. Alors, fais le premier pas. N'attends pas une meilleure occasion ou d'autres circonstances. C'est le meilleur moment pour commencer.

Pour de nombreuses personnes, être, devenir ou rester heureux est un objectif majeur. Être heureux est un choix. Plus tu te concentres sur ce qui te rend heureux, moins ce qui est absent te manque. Le bonheur commence par la gratitude.

Le plus grand ennemi du bonheur, ce sont les pensées négatives. Elles te dévorent. Elles alimentent la dépression. Elles volent ton sourire. Elles te rendent nerveux et inquiet. Elles sont porteuses d'agressivité et de conflits.

Selon une étude, nous avons environ 50 000 pensées par jour. Environ 80% de nos pensées sont négatives. Bien sûr, les pensées négatives ont aussi leur place, mais presque tout le monde serait d'accord pour dire que 80% n'est pas sain.

Selon les résultats de la recherche, la plupart de nos pensées négatives sont causées par les quatre facteurs suivants.
Nous pouvons réduire le nombre de pensées négatives et mener une vie plus heureuse à condition d'en être conscients.

1. Le regret du passé

- *« Si seulement je l'avais fait un peu plus tôt... »*
- *« J'aurais dû l'écouter et ça aurait été beaucoup mieux... »*
- *« Je regrette de l'avoir fait... »*

Nous devons comprendre que nous devons tirer les leçons du passé et ne pas vivre dans le passé. Sois compréhensif envers toi-même : Si tu es dur(e) avec toi-même, tu peux avoir du mal à prendre des risques et à être courageux(se). Essaie plutôt d'être gentil et compréhensif(ve) avec toi-même.
Rappelle-toi qu'il est normal de commettre des erreurs et que tu peux en tirer des leçons.

2. La peur de l'avenir

- *« Et si je n'y arrive pas ? »*
- *« Et si je perdais mon emploi ? »*

En posant ce type de questions, nous conduisons notre esprit à tourner en rond dans un cycle négatif et à perdre la joie du moment présent.

3. Comparaisons malsaines

Dans un monde dominé par les réseaux sociaux, il est devenu encore plus facile de nous comparer aux autres. Il y a toujours quelqu'un de plus beau, de plus riche ou de plus célèbre. Nous nous sentons mal et nous nous concentrons trop sur ce qui nous semble manquer au lieu d'être heureux avec ce que nous avons. Ne te compare qu'à toi-même et pas aux autres. Nous avons tous des conditions, des circonstances et des talents différents. Nous sommes tous uniques et donc incomparables.

?... *Te compares-tu trop souvent aux autres ?*

4. La culpabilité

- *« J'ai arrêté le sport parce que tu ne suivais plus... »*
- *« C'est ta faute si ça m'est arrivé... »*

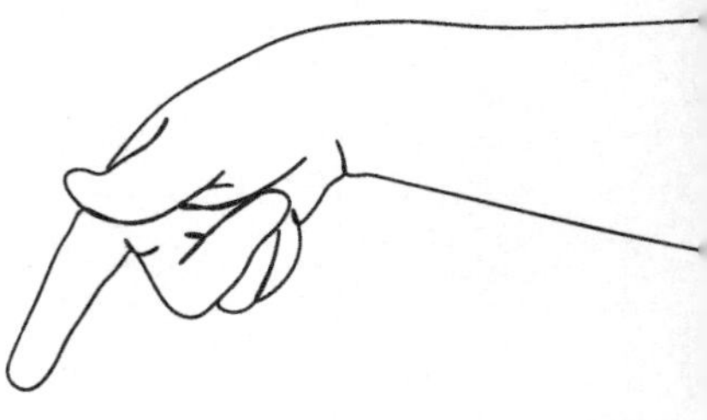

Rejeter la faute sur les autres est une source permanente de pensées négatives. Peu importe si nous blâmons les autres à tort ou à raison : Nous devons cesser de le faire et nous concentrer sur ce que nous pouvons contrôler nous-mêmes.

Identifie tes peurs et remets-les en question : Prends un peu de temps pour réfléchir à ce qui te fait peur ou te rend anxieux. Une fois que tu connais tes peurs, essaie de les remettre en question en te demandant si elles sont fondées ou si ce ne sont que des croyances négatives limitantes.

?... *Quelles sont tes plus grandes peurs ? Comment peux-tu les surmonter ou du moins mieux les gérer ?*

Fais de petits pas : Le courage ne signifie pas toujours accomplir de grandes choses audacieuses. Parfois, il suffit de faire de petits pas en dehors de sa zone de confort. Commence par faire des choses qui te mettent un peu mal à l'aise et avance progressivement vers des défis plus importants.

« Ose être toi-même. »

Mot de la fin

!

Tu as peut-être remarqué que les thèmes du bonheur, de la gratitude, de l'amour de soi et de la pleine conscience se recoupent souvent et que certains se ressemblent.
Tout cela commence par une décision.
Tu peux choisir d'être plus heureux(se) et plus reconnaissant(e). Tu peux décider de t'aimer toi-même et d'être plus attentif(ve) au monde qui t'entoure. Chaque action commence par une décision, une pensée que tu es le(la) seul(e) à contrôler.

Prends conscience que tu as le contrôle de ta vie émotionnelle. Bien sûr, les circonstances extérieures influencent notre façon de penser. Bien sûr, on peut parfois être malchanceux(se) dans la vie ou rencontrer les mauvaises personnes. Mais cela ne change rien au fait que tu peux façonner activement ton avenir. Tu veux être plus heureux(se) ? Veux-tu t'accepter tel que tu es, avec toutes tes forces et tes faiblesses ?
Veux-tu être reconnaissant(e), même pour les petites choses de la vie, et te plaindre moins ? Veux-tu un jour faire le bilan d'une vie bien accomplie ? Le choix t'appartient.

J'espère que l'une ou l'autre de ces pensées a atteint ton cœur et t'accompagnera sur le chemin de la vie. Quoi qu'il arrive, n'oublie jamais que tu es unique, digne d'être aimé(e) et important(e) pour ce monde, exactement comme tu es.
Puisse ce livre apporter un peu plus de sérénité dans ta vie. Nous devrions arrêter de nous plaindre constamment des choses et des gens. Car si nous nous plaignons tous les jours, comment ta vie pourrait-elle devenir plus sereine ? Tout ce qui nous arrive dans la vie est une occasion de devenir plus fort. La vie se vit en avant et se comprend en arrière.

« Où que tu ailles, vas-y de tout ton cœur. » – Confucius

Notes

Notes

Impression

101 questions à se poser

ISBN: 9798388075970, Première édition 2023

Autrice représentée par : Wupi Dupi FZ-LLC
Academic Zone01-Business Center 5,
RAKEZ Business Zone-FZ, RAK, UAE

Printed in France by Amazon
Brétigny-sur-Orge, FR

15169272R00060